T0284256

EN EL MUNDO, PERO NO DEL MUNDO

TRANSFORMAR LA EXPERIENCIA COTIDIANA EN UN CAMINO ESPIRITUAL

DAVID R. HAWKINS

EL GRANO Ð MOSTAZA

Título: En el mundo, pero no del mundo
Subtítulo: Transformar la experiencia cotidiana en un camino espiritual
Autor: David R. Hawkins

Título original: In the world but not of it
Copyright © 2023 de David and Susan Hawkins Revocable Trust
Publicado originalmente en 2023 por Hay House, Inc.

Primera edición en España, octubre de 2023.

© para la edición en España, El Grano de Mostaza Ediciones
Traducción: Miguel Iribarren

Impreso en España
ISBN PAPEL: 978-84-127340-4-1
ISBN EBOOK: 978-84-127340-5-8
DL: B 16997-2023

EN EL MUNDO, PERO NO DEL MUNDO

TRANSFORMAR LA EXPERIENCIA COTIDIANA EN UN CAMINO ESPIRITUAL

DAVID R. HAWKINS

Contenido

INTRODUCCIÓN

¿Qué significa "estar en el mundo sin ser del mundo"? Como aspirantes espirituales, probablemente hemos oído esta frase y nos hemos preguntado: ¿Cómo aplico esto a mi vida? y ¿es posible aplicarlo —especialmente en el moderno mundo tecnológico, que puede ser muy atareado, confuso y a veces estresante—? A medida que intentamos evolucionar hacia una conciencia superior, quizás probemos una práctica espiritual o meditación, o conceptos inspiradores en nuestra vida diaria, pero ¿cómo cumplir con las exigencias de la vida espiritual y al mismo tiempo sobrellevar las responsabilidades cotidianas?

En este libro, adaptado de una presentación de audio, el doctor David Hawkins nos ayuda a descubrir cómo hacerlo, y lo que esto significa para cada uno de nosotros. Al compartir sus propias experiencias y darnos sabios consejos —hablando con honestidad y compasión—, nos muestra que con intención e integridad, y sentido del humor, *podemos* recorrer el camino espiritual y, paralelamente, vivir en el mundo sin perdernos en él.

Vivir la vida en el mundo de hoy es todo un reto debido a las numerosas distracciones y presiones adicionales que se nos imponen tanto interna como externamente. El doctor Hawkins solía decir con frecuencia que podemos usar el mundo para liberarnos del mundo y que la vida en la Tierra nos ofrece las oportunidades perfectas para nuestro máximo crecimiento. Aprenderás más sobre esto a medida que leas los capítulos siguientes.

Cuando el peso del mundo nos abruma, el doctor Hawkins sugiere que "lo llevemos con ligereza".

Conforme leas este libro, esperamos que se disipen tus temores y que el amor esté más presente, iluminando tu camino.

Con bendiciones para tu bien más alto,
Veritas Publishing

CAPÍTULO 1

ELEGIR EL CAMINO ESPIRITUAL

Si bien las tecnologías modernas nos proveen de una amplia variedad de nuevos juguetes y aparatos, los problemas básicos de la existencia humana siguen estando presentes. En muchos sentidos, en realidad han empeorado. El ajetreo de la vida diaria se acelera a una velocidad vertiginosa. De hecho, la situación del ser humano es más confusa que nunca, y los cimientos mismos de la civilización occidental se han debilitado bajo los ataques de las facciones rivales y el bombardeo constante de los medios de comunicación. Nos hemos convertido en un grupo de enfoque[1] gigantesco, y estamos siendo manipulados continuamente por los medios de comunicación.

Pero hay buenas nuevas para la gente como tú, que tiene el deseo de aprender y crecer espiritualmente. Estás dentro de un grupo único que dispone de herramientas no solo para sobrevivir, sino para disfrutar de la

---

1. Grupo de enfoque o *focus group:* pequeños grupos, generalmente de seis a ocho personas, que se emplean para investigar y estudiar el mercado de algún producto que se desea comercializar.

vida y participar en la belleza que te rodea. Estás en este mundo pero no eres parte de él.

El libro que tienes entre las manos, del renombrado maestro espiritual David Hawkins, explica por qué la humanidad ha estado perdida en un laberinto de espejos y cómo podemos escapar de él. El doctor Hawkins ofrece prácticas y herramientas para integrar esta información en tu vida de cada día.

A lo largo de él disfrutarás de la sabiduría y el humor de uno de los grandes maestros espirituales del mundo.

~~~

Jesús dijo que nos tomáramos el mundo con ligereza. En otras palabras, tomas conciencia de él, lo experimentas, pero no es tu destino último; solo es algo transitorio. La idea es no sacrificar el alma por el cuerpo mortal. Hay mucho más que esta vida terrenal.

En el mundo de hoy vemos que los maestros espirituales tienen un nivel de conciencia superior. La cabeza visible de la Iglesia católica en el momento de escribir esto, el Papa Juan Pablo II, calibró en torno a 565 en el Mapa de la Conciencia, un nivel asociado con la alegría y la paz. Asimismo, el Dalai Lama calibra en torno a 570. Ellos han alcanzado este nivel debido a un prolongado entrenamiento interno, espiritual y religioso. Irradian buena voluntad hacia los demás.

LOS DESAFÍOS DEL CAMINO ESPIRITUAL

La dificultad reside en que todos estamos lidiando con un nivel de conciencia compartido, así como con nuestros propios niveles individuales. El nivel colectivo de conciencia sube y baja. Entre tanto, los problemas siguen siendo los mismos. Seguimos afrontando los mismos obstáculos a la iluminación, solo que el hombre moderno tiene una mayor desventaja que antes debido a las fuerzas externas. La programación a la que nos somete la falsedad es casi constante. Simplemente ten en cuenta cómo se configura un anuncio publicitario: la velocidad a la que cambian las imágenes y la programación subliminal. Te muestran el coche e inmediatamente te muestran a una persona atractiva. Tratan de combinar el deseo con la lujuria y colapsar varios impulsos instintivos en uno. La publicidad de muchos productos es débil. Si la calibras, verás que no solo no es atractiva para la vista, sino que en realidad causa aversión.

ELEVAR TU NIVEL DE CONCIENCIA

Curiosamente, tu nivel de conciencia no está relacionado de manera directa con el mundo externo. Está relacionado con tu nivel de conciencia interno. Vemos esto en las personas que ganan a la lotería y se vuelven millonarias de la noche a la mañana. A menudo, cuando las personas experimentan repentinamente la fama y la fortuna, y no están preparadas, eso destruye su felicidad.

La correlación entre la felicidad y el nivel de conciencia es casi del cien por cien. A ciertos niveles de conciencia, sin importar dónde estés, vas a ser feliz y sentirte satisfecho independientemente de lo que esté ocurriendo. Tu felicidad no depende de fuerzas externas. Has dejado de dar importancia a lo externo, a la fama y al glamur.

Por ejemplo, muchos chicos jóvenes quieren crecer y llegar a ser atletas, y miran a las famosas estrellas del deporte con envidia. Proyectan ese sentimiento sobre el atleta.

Mientras yo crecía, lo que menos me importaba era ser un atleta. Quería sacar todo sobresalientes y acabar un libro cada día. Leía al menos 500 libros al año, y tomaba muchas notas de cada uno de ellos. Mis intereses eran de una naturaleza distinta, donde la dimensión física apenas tenía cabida.

Por fortuna, mi deseo de aprender y de entender el mundo quedó satisfecho por mis capacidades intelectuales. Si tomas conciencia del estado de Buda, nada menor que eso te dejará satisfecho. Te encontrarás en el camino espiritual, y te sentirás llamado a leer todos

los grandes tratados espirituales y a absorber su sabiduría.

A una edad muy temprana experimenté estados de iluminación de la conciencia, y una profunda comprensión de la naturaleza de la divinidad como la presencia de un amor infinito que está más allá del tiempo y de toda limitación. De adolescente, experimenté el Ser con "S" mayúscula de una manera completamente no verbal y atemporal, en la que uno se da cuenta de que el Ser es eterno. No tiene principio ni fin, y eso que Yo soy siempre ha sido y siempre será.

Lo que hacemos en la vida es tratar de transcender el yo con "y" minúscula —el egoísmo, la mentalidad autocentrada, la avaricia, el odio, el enfado y todas las emociones negativas asociadas con él— para permitir y facilitar el crecimiento del Yo (o Ser) con "S" mayúscula, porque es infinitamente gratificante.

Tal como vemos a partir de los niveles de conciencia calibrados, cuanto más elevado es el nivel de conciencia, más estás dominado por el Ser con "S" mayúscula, en lugar de por el yo con "y" minúscula, y mayor es tu felicidad. Cuando no necesitas títulos elegantes, dinero y todo eso, dejan de dominarte y empiezas a valorar otras cosas. Eres capaz de amar a todos, pase lo que pase. En la actual escena política, puedo ver personas con las que estoy completamente en desacuerdo, y aún así amarlas como seres humanos.

Te permites amar a todos igualmente. A medida que avanza tu conciencia, puedes ver lo que motiva a la gente; esta se vuelve muy transparente. Y lo divertido es que, a menudo, lo que dicen y la impresión que tratan de causar contrasta abiertamente con sus intenciones.

Se vuelve cada vez más difícil engañar a la persona que está relativamente iluminada.

Los estados avanzados de conciencia a menudo ocurren espontáneamente. Vas caminando por el bosque y de repente te detienes y te das cuenta de la belleza de los árboles y de los cantos de los pájaros. La belleza intrínseca de la naturaleza resplandece. Si tienes suerte, contemplas la sacralidad de ello: ves que toda existencia es sagrada. Cada árbol es consciente y se da cuenta de tu presencia: se da cuenta de que Dios está pasando por allí. Es consciente de esto a cierto nivel; es consciente a un nivel vegetativo, pero ese conocimiento *está presente* porque el conocimiento infinito de la divinidad es intrínseco a todo lo que existe.

EL LABERINTO DE ESPEJOS

Ahora mismo, la humanidad parece estar perdida en un laberinto de espejos y es incapaz de distinguir entre la realidad y las ilusiones. Se ven luces en distintos espejos y la gente cree que lo que está viendo es real, cuando solo es un reflejo en el espejo.

Más de la mitad de la gente de Estados Unidos calibra por debajo del nivel 200. Los niveles por debajo de 200 vienen de la fuerza y son destructivos para la vida, y los niveles por encima de 200 proceden del poder. A medida que los seres humanos evolucionamos, empezamos desde la base y vamos ascendiendo gradualmente. Este es el nivel al que hemos evolucionado en este punto particular. Los niveles 200 y por encima representan la verdad y la integridad, y los niveles por debajo de 200 están en la falsedad.

Dicho de manera simple, la manera de permanecer por encima de 200 es practicar los diez mandamientos y evitar los siete pecados capitales. Evitas el deseo desordenado y ansioso, el querer, el exigir. Renuncias al orgullo y al narcisismo en el que está basado. Renuncias a los resentimientos y a los enfados. Renuncias a tener miedo.

Cuando calibramos los niveles de conciencia, lo que estamos haciendo es dirigirnos a la esencia de una cosa, no a su apariencia.

En un espacio atemporal infinito, no hay principio ni fin, no hay aquí ni allá, no hay ahora ni luego. En consecuencia, el campo de conciencia es omnisciente en virtud de ser todo lo que ha sido o puede llegar a ser. De modo que cuando hallamos la esencia, lo que ocurre es que colapsamos la función de onda.

En la mecánica cuántica, tenemos el principio de Heisenberg. Partes de los intercambios y las ecuaciones de lo que es posible, tanto si esto depende del tiempo como si es independiente de él. Entonces se potencia la función de onda —que en realidad es una fórmula matemática— y puedes colapsarla, lo que significa que pasas de la energía a la partícula. Esto se descubrió cuando se investigaba la naturaleza básica de la propia luz; este proceso ocurre en ondas de partículas. Por lo tanto, el potencial solo se actualiza si hay una realidad.

Al realizar una calibración, si yo hago una declaración que es real, esto afecta al potencial cuántico y colapsa la función de onda, y el brazo de la persona se fortalece. Si planteo una pregunta falsa, que no tiene correspondencia con la realidad y, por lo tanto, no tiene poder y no colapsa la función onda, el brazo se debilita. En esto consiste la prueba muscular.

En el mundo de hoy, cerca del ochenta por ciento de la población mundial está por debajo del nivel de cali-

ELEGIR EL CAMINO ESPIRITUAL

bración 200. Cuando hablas de verdad, de integridad y de honestidad, la mayoría de las personas del mundo no tienen ni idea de qué estás hablando.

La vida se origina de arriba hacia abajo, desde la irradiación de la divinidad, que resplandece a través del poder del campo de conciencia, para a continuación emerger como vida, con toda una variedad de opciones. Este rango de posibilidades está determinado por tu nivel de conciencia. A menudo, cuando rezamos a Dios pidiendo guía, ocurre que se presenta una buena idea en nuestra cabeza, pero no vemos que es consecuencia de haber pedido ayuda y de respetar a la divinidad. Lo divertido es que este acto invoca a la divinidad.

Lo mismo es aplicable a la verdad. Si deseas comprender y tomar conciencia de la verdad, y ser guiado hacia ella, es probable que sea eso lo que ocurra. Los que refutan a Dios y refutan la verdad pagan las consecuencias. No pueden usar el simple test muscular, que nos ha resultado tan útil en cientos de áreas de investigación distintas, para verificar propuestas. Si niegas que exista la verdad o la fuente de la verdad, se te niegan los regalos que se derivan de esa creencia. Tu forma de ver y experimentar el mundo es una proyección, proyectas tu propia conciencia ahí fuera y sobre lo que tú crees que está ahí fuera. No existe ningún "ahí fuera", solo hay un "aquí".

¿Puedes contemplar el mundo, tal como yo lo he descrito, como un lugar de máximo beneficio kármico? Lo que ves y experimentas es una proyección de tu propia conciencia: puedes ver el mundo como un lugar triste, feliz, ridículo, benéfico, hermoso, divino, frustrante, corrupto, malvado, o infinitamente bueno. Si queremos alcanzar estados de iluminación avanzados y realizar la divinidad última, debemos crecer en esta dimensión de la conciencia. Los beneficios kármicos de una vida humana, como dicen los budistas, son su propia recompensa.

Actualmente, en Estados Unidos, solo una persona de cada diez millones sitúa el llegar a la iluminación en lo más alto de sus ambiciones, de modo que esta búsqueda es muy rara, pero increíblemente gratificante.

Para facilitar tu evolución espiritual, rodéate de belleza: arte, música, danza, literatura. La belleza tiene una influencia física directa en las neuronas cerebrales. La belleza influye favorablemente en esas neuronas, pues energiza el lado de tu cerebro que produce endorfinas.

Por supuesto, en la evolución espiritual acabas transcendiendo cualquier definición de belleza, porque empiezas a sentir la belleza de toda la existencia. Puedes ir caminando por una calle y quedarte asombrado ante lo que ves. Recuerdo que una vez iba caminando por un callejón en la ciudad de Nueva York y, de repente, todo se iluminó. Los cubos de basura oxidados eran una obra de arte. Un pequeño ratón marrón pasó por allí buscando comida y encontró una manzana. Eso me hizo tan feliz. Toda la escena parecía un cuadro impresionista.

Apreciar el arte y la creatividad puede potenciar tu conciencia espiritual. Las grandes obras de arte —música, teatro, danza— pueden hacernos llorar. Su belleza llega a cierto punto donde no podemos evitar derramar lágrimas de alegría y dicha. Somos transportados a un estado de éxtasis.

ENTRAR MÁS PROFUNDO EN EL LABERINTO DE ESPEJOS

Mi preocupación por el impacto de los medios de comunicación en el mundo de hoy —la medida en que la gente tiene totalmente lavado el cerebro— es que conduce finalmente a la disolución y a la reducción del nivel de conciencia. Los medios de comunicación han acelerado el declinar de la moralidad. Los niños pequeños son muy impresionables, y están tan dominados por los medios de comunicación que casi se han convertido en sus marionetas.

La conciencia en sí es protección suficiente. El declinar de nuestra sociedad está causado por la falta de respeto y porque no se entiende la necesidad de soberanía. La soberanía no es popular en el mundo de hoy. La gente no la entiende, porque la soberanía última es de la divinidad. El adolescente dentro de nosotros no quiere lidiar con la soberanía; quiere pasárselo bien con sus juegos narcisistas y hacer lo que le apetece de manera autocomplaciente.

Ahora bien, soberanía significa estar más alineado con el absolutismo que con el relativismo. A la verdadera soberanía no le interesa la opinión de la gente sobre ella, porque simplemente es. Cuando la ves tal como es, cada cosa sirve a su propio propósito en ese momento. Algo es divertido dependiendo de si piensas que lo es. Y es triste si piensas que es triste. Es patético, es escandaloso, es malvado, es bueno: nosotros proyectamos todos estos adjetivos sobre las cosas.

Lo valioso de calibrar los niveles de conciencia es que te permite definir e identificar la esencia de la cosa frente a la *percepción que tienes de ella*. Esto, por supuesto, va a ser una gran parte del laberinto de espejos.

Aquí vamos a entrar más a fondo, y vamos a dar un paseo por la totalidad de la experiencia humana. Lo primero que nos empezamos a preguntar con respecto a la realidad del ser humano es: ¿Cómo sabemos lo que somos y de dónde venimos? Desde el punto de vista mamífero, sabemos de dónde venimos evolutivamente, pero eso es distinto de ser humano. Lo que nos hace humanos es el espíritu y el cuerpo etérico.

¿Cómo hemos llegado aquí? La respuesta es bastante distinta dependiendo de a quién se lo preguntes. El materialista se siente muy feliz con la evolución animal, es muy feliz con una explicación lineal y newtoniana, de abajo hacia arriba. La respuesta es muy distinta para la persona espiritual. Los creacionistas dicen que Dios creó al hombre de arriba abajo.

En los estados avanzados de espiritualidad, te das cuenta de que tú no eres solo la dimensión física, tienes conciencia y consciencia, y vienes de arriba abajo, no de abajo arriba.

La explicación del libro del Génesis, según el cual el hombre fue creado por Dios, calibra en 1.000. Nosotros fuimos creados por un acto de creación especial; cada uno de nosotros es un hijo de Dios. Aquí todos somos hijos de Dios. Por lo tanto, todos los que están ahí fuera son nuestros hermanos y hermanas.

¿De dónde vinimos? ¿Quiénes somos? ¿Somos cuerpo o somos espíritu? Somos cuerpo espiritualizado. Vemos la diferencia en el funcionamiento cerebral, entre el cerebro izquierdo y el derecho, como el efecto de la energía espiritual. Entonces, la energía espiritual activa los niveles de conciencia, la parte espiritual que hace de ti una persona. De modo que, en cuanto te comprometas espiritualmente, reza a Dios y di: "Querido Dios, te pido que me ayudes. Te pido que me reveles tu voluntad para mí". Ya has movilizado una energía que ahora te permitirá entender la respuesta. Cuando te das cuenta de que eres un cuerpo espiritualizado, y no solo un cuerpo físico, refinas todo un campo de conciencia y te sientes mucho más empoderado como ser humano.

¿Adónde vamos? Nos transformamos en un campo de energía diferente. Ahora tu cuerpo primario o principal va a ser tu cuerpo etérico.

¿Por qué estamos en este mundo? Esto depende, evidentemente, de cuál sea el propósito de nuestra vida. El propósito de la vida humana ha sido debatido en todos los grandes libros del mundo occidental. La respuesta es que no estamos en este mundo. Tú no estás en este mundo. El mundo está en ti. ¿Por qué? Porque es solo tu conciencia la que es consciente del mundo.

Volviendo a nuestro propósito, a partir de un simple examen de la historia parece evidente que nuestro propósito es favorecer la evolución de nuestra conciencia. Este mundo nos ofrece las máximas oportunidades de crecer y desarrollarnos espiritualmente.

Todo el mundo tiene una percepción. El principio básico a este respecto fue presentado en el diálogo entre Protágoras y Platón. "Yo experimento el mundo de un modo y tú lo experimentas de otro modo, por tanto hay dos realidades diferentes", dice. Sin embargo, la percepción no es la realidad; tu forma de percibir el mundo es tu opinión, pero el mundo no es necesariamente así. Tú no vives en dos realidades distintas; vives en dos *percepciones* distintas de la realidad. No son realidades distintas, son puntos de percepción distintos. Lo que percibes ahí fuera es una proyección de lo que tú eres.

Hay muchas maneras distintas de ver el mundo. ¿Es una comedia? ¿Es una tragedia? La persona ingenua solo ve percepción. A la persona más avanzada le interesa la verdadera esencia de una cosa, su verdad absoluta. La vida es demasiado corta para desperdiciar tu tiempo, energía y compromiso en entusiasmos falaces y nada fiables.

Nuestra sociedad es genial a la hora de suscitar entusiasmo por la última catástrofe. De lo que estamos hablando es de una inversión narcisista, que en realidad es otro tema totalmente diferente, pero de gran importancia. No se trata tanto de tu opinión, o de tu punto de vista, o de aquello que defiendes, sino del grado de inversión narcisista que tienes en ello. En cuanto algo llega a ser un "ismo", en cuanto pones "I-S-M-O" al final del punto de vista, la calibración cae a entre 180 y 190. En cuanto se convierte en un ismo, tienes las protestas, las marchas, la división. Las personas que no están de acuerdo contigo se convierten en tus enemigos. En realidad, no están interesadas en saber la verdad; solo quieren que hagas eco a sus creencias.

OBSTÁCULOS PARA ELEVAR EL PROPIO NIVEL DE CONCIENCIA

Los niveles de conciencia por debajo de 200 son antiverdad. Solo les interesa su propia visión del mundo y justificarla. Pero, a medida que evolucionas más, te vas desapegando; no inviertes tus emociones en tener razón o en estar equivocado.

La mayoría de la gente, cuando usa la prueba muscular, es incapaz de desapegarse. Tienen tanta inversión en el resultado que eso les impide llegar a la verdad.

Siempre digo a la gente que en primer lugar se desapeguen. Deben averiguar qué están buscando, en qué nivel calibran, y después ajustarse a eso. De modo que si alguien que piensas que es una rata mentirosa y engañadora calibra alto, primero averigua a qué nivel calibra, y después piensa en por qué le veías así y ajusta tu sentimiento al respecto. No lo hagas al revés.

Mucha gente es tan narcisista que no pueden dejar sus preferencias de lado el tiempo suficiente para averiguar la verdad. En realidad, no puedes calibrar los niveles de verdad si tu propia conciencia está por debajo de 200. De hecho, cuanto más alto sea el nivel de conciencia, mayor será la precisión. Esta investigación fue llevada a cabo por colegas nuestros, que descubrieron que cuanto más alto es el nivel de conciencia, mayor es el porcentaje de veracidad de la respuesta al test muscular. El mejor rango está en los 400. Los 400 es el nivel del intelecto, de la verdad y de la lógica. Es más probable que una persona que esté en los 400 se sienta motivada a comprender la verdad. Se siente menos impulsada por el ego y la emoción.

Si eres un científico y estás haciendo un experimento, ahí no hay lugar para la emoción. "¡Quiero que estas bacterias sean gram positivas en lugar de gram negativas!". Suena absurdo, ¿cierto? La persona entrenada ha aprendido a ignorar la emoción y a averiguar por medio de la lógica.

De modo que la verdad es una cosa y la posición que asume la gente con respecto a la verdad es otra. Puedes estar en desacuerdo con ella, pero eso no tiene nada que ver con la verdad. Digamos que has comprado ciertas acciones y han bajado. Algo no está bien, ¡se suponía que tenían que subir!

Lo absoluto dice que hay una realidad que está más allá de la subjetividad. Para el relativista, la idea de que hay una verdad que está más allá de tu ego personal es anatema, porque el relativista se basa en el narcisismo. A medida que evolucionas más, la conciencia se vuelve más predominante, y ya no puedes engañarte ni engañar a otros. Hasta que llegas a cierto punto, mentir no te molesta mientras obtengas una ganancia, pero después mentir empieza a molestarte. Acabas llegando a un punto en el que mentirte es anatema. Todavía podrías sentir que está bien mentir a otros, pero no puedes mentirte a ti mismo.

AQUIETAR LA MENTE CON LA MEDITACIÓN Y LA CONTEMPLACIÓN

La meditación sirve a un propósito poderoso debido a la intención y la disciplina que ponemos en ella. La meditación también consume nuestro tiempo y espacio. La contemplación, por otra parte, es más un modo de estar en el mundo y de experimentar apertura. La meditación te saca del mundo. No puedes estar jugando con los niños o cortando el césped, de modo que la meditación es una disciplina formal.

La contemplación es una especie de estado semimeditativo. Lo observas todo con cierto desapego porque te conviertes en el testigo, en lugar de ser el sujeto de los fenómenos. Eso te saca del campo, de modo que dejas de ser el protagonista de lo que ocurre.

A medida que pasa el tiempo y practicas la contemplación con más regularidad, un día se vuelve obvio para ti que los fenómenos de todo tipo ocurren espontáneamente por sí mismos. No hay un yo personal que cause que ocurran las cosas. Como sientes y ves tu brazo moviéndose en el aire, presumes de que "yo decidí mover el brazo en el aire". Asumes el crédito por ese movimiento del brazo en una diezmilésima de segundo, así de rápido se inmiscuye el ego narcisista. El yo personal requiere muchas vidas para por fin disolverse, y tú te conviertes en el testigo no lineal y siempre prevaleciente de los fenómenos. Tu identidad se transmite al testigo, al experimentador, al campo de conciencia mismo. Y después se traslada a la capacidad de ser consciente *dentro* de la conciencia misma.

Digamos que ahora mismo estamos sentados aquí. Bien, para que estemos sentados aquí, antes tenemos que nacer. Para nacer, tenemos que tener unos padres. Han tenido que producirse millones de opciones. Tienen que ocurrir millones de fenómenos para dar cuenta hasta del suceso más pequeño: que una mota de polvo flote en el aire.

La gente pregunta: "¿Cuál es la causa de que esta pequeña mota de polvo flote ante mis ojos?". Hay millones de factores que dan cuenta de por qué esta mota de polvo, ahora mismo, en esta habitación, se está moviendo a esta velocidad, bajo esta presión atmosférica y velocidad del viento, a esta temperatura, y así sucesivamente. Para la mente humana es imposible discernir la verdadera causa de algo. De modo que finalmente te rindes, encuentras tu humildad en la totalidad de la existencia.

Al convertirte en el testigo, resulta obvio que los fenómenos están ocurriendo por su cuenta. Esto se hace evidente después de algún tiempo. Esta es una toma de conciencia por la que transciendes la identificación con el yo personal, y puede surgir de la contemplación. La meditación puede intensificarla, pero lo que suele ocurrir es que se separa la meditación de la vida diaria. Está la meditación y, por otra parte, está la vida de cada día. La contemplación aporta un estilo de vida interno, meditativo, que puedes practicar todo el tiempo, en todas partes, en cualquier momento. De algún modo, la contemplación es más como una visión. Eres testigo de lo que hay ahí fuera. Tú no lo causas, no asumes crédito personal por ello. Cuando estás en este estado de testificación es cuando más cerca estás de tu yo real.

Muchos caminos espirituales te ofrecen una lección del día, como una afirmación o un verso en los que reflexionar. Esto te da algo con lo que jugar en tu mente durante toda la jornada, algo que mantener con ligereza en la mente.

Recuerdo cuando practiqué esto con el Salmo 91. "Quien habite en el lugar secreto del Altísimo morará bajo la sombra del Todopoderoso". Pasé horas y horas

simplemente contemplando este verso. Su verdadero significado surge a diversos niveles de comprensión y entendimiento, y eso ocurre espontáneamente.

Después de practicar así durante un tiempo, aprendes a estar con lo que ocurre a tu alrededor al tiempo que mantienes una conciencia contemplativa. Eres consciente de que estás ajetreado y en medio del bullicio, pero el verdadero tú no está ajetreado; el verdadero tú está *siendo testigo* del ajetreo y el bullicio. Por supuesto, tú sabes que la mente piensa que debe hacer un montón de cosas, y tú puedes reírte de ella y decir: *Mente, siéntate por un momento, ya sé que sientes que tienes que hacer todo esto antes de las diez, porque de otro modo se acabará el mundo.* Aprendes a bromear contigo mismo.

Encuentro que para practicar con estas herramientas y técnicas espirituales es esencial el sentido del humor. Te impide ponerte mortalmente serio contigo mismo y tener opiniones muy tajantes. Ayuda a evitar el narcisismo de querer tener razón. El sentido del humor te ofrece cierta perspectiva, y hace énfasis en la realidad y el desapego. A medida que la persona se hace más espiritualmente consciente, la vida se vuelve más ligera y menos seria, incluso divertida a veces. Ser capaz de reírse de uno mismo de manera amorosa es una gran bendición a lo largo del camino.

CAPÍTULO 2

CÓMO ENCAJAR EN EL MUNDO Y PERMANECER CONSCIENTE

Existe la percepción de que a medida que uno se ilumina más, resulta más duro vivir en el mundo. En este capítulo, el doctor Hawkins ofrece esperanza y ánimos para recorrer el camino espiritual al tiempo que se está en este mundo, y explica que en realidad el despertar aporta más facilidad a la experiencia.

Se enfoca en cómo vivir conscientemente de la mejor manera posible en un mundo donde predomina la inconsciencia. Para empezar, el doctor Hawkins habla de los peligros de la mentalidad de rebaño, o del "pensamiento grupal". Explora por qué las personas, cuando forman parte de una multitud, harán ciertas cosas en las que ni siquiera pensarían si estuvieran solas. ¿Cómo se muestra el instinto de rebaño en el mundo de hoy y cómo podemos evitar que nos arrastre?

~~~

Los medios de comunicación juegan con el fenómeno del instinto de rebaño y tratan de propagarlo. Generalmente, se comienza con un líder, alguien que se alza y trata de congregar sus tropas y conseguir que todos le aplaudan. Esta persona es la que energiza a las demás; esa es su función. Podemos usar la calibración de la conciencia para averiguar si su causa es valiosa. ¿Aquello que transmite está basado en la verdad o es todo una ilusión? Después de todo, la ilusión excitará a la multitud tanto como la verdad.

En el mundo de hoy se compite por la superioridad moral. Esta es la base de la mayoría de los conflictos que ocurren. Si ves las noticias desde este punto de vista, te divertirás. Contemplarás esta tendencia constante y narcisista por tener la superioridad moral. Las causas y las afiliaciones de la gente —su religión, su partido político, su nacionalidad, incluso su identidad generacional— tienen más que ver con cómo son percibidos que con cualquier otra cosa, y esto se emplea para enfrentar a unos grupos con otros.

EL VERDADERO LIDERAZGO ESPIRITUAL

¿Cómo elevarnos por encima de esta división? Para liderar, fomentamos en las personas una independencia cada vez mayor, y no solo la confianza en el maestro. Empiezas a esforzarte por alcanzar la excelencia por sí misma. La excelencia es su propia recompensa.

Un sentido de la responsabilidad moral es probablemente la mejor guía: responsabilidad moral hacia ti mismo, hacia otros y hacia Dios. Como he mencionado, la superioridad moral es un impulso narcisista del ego de denigrar a alguien para poder sentirse superior, mientras que la responsabilidad moral es ser la mejor versión de uno mismo ante sí mismo, ante los demás y ante Dios. Estás sirviendo a Dios, a tu Yo con "Y" mayúscula y a tus semejantes. Y al servir a cualquiera de ellos, también estás sirviendo a los otros dos.

Puedo recordar los años en que tuve una consulta psiquiátrica enorme, y la exigencia que me imponía a mí mismo era la de hacer el máximo por mi paciente. ¿Estoy siendo sincero conmigo mismo? ¿Quiero poder responder de esta decisión más adelante?

Empecé a proponer tratamientos muy innovadores. Trataba muchos casos desesperados. Y con mucha frecuencia encontré respuestas para lo que no tenía respuesta, y curas para lo incurable. Y, aún así, mis colegas me ridiculizaban. Incluso ahora, si doy una charla a un grupo de médicos occidentales convencionales sobre acupuntura, se quedan mirando al cielo. Bien, mi experiencia personal con la acupuntura fue esta: hace años yo tenía una úlcera perforante intratable, que sangraba con frecuencia y me enviaba al hospital. Tenía programada una resección gástrica —la retirada quirúrgica del estómago— que era muy peligrosa teniendo en cuenta mi estado de salud en aquel momento.

Por fortuna, pronto se abrió la primera clínica de acupuntura en Washington D.C., que fue aprobada por el gobierno federal. Era experimental y, por lo tanto, todo se documentaba con cuidado. Tenía que enviarte tu médico. Después de mi tercer tratamiento, esta enfermedad intratable e incurable se curó. En todos los años que han transcurrido desde entonces la úlcera nunca ha recurrido. De modo que realmente pienso que la intención y la mentalidad desempeñan un papel en la curación.

Todo lo que deseas es algo que proyectas fuera de ti. Cualquier cosa que proyectes —tus deseos, tus frustraciones— se deben al hecho de que has proyectado la realidad de lo que realmente eres sobre algo o alguien en el mundo exterior, y le has asignado cierta cualidad. Y cuando te apropias de la realidad de eso que tú eres, te das cuenta de que tú, tu Ser, es pleno y completo en sí mismo. Tu Ser no necesita nada. Por lo tanto, ahí fuera nadie tiene nada que tú quieras porque tú eres suficiente, pleno, y completo momento a momento.

DESCUBRIR LA AUTOAPROBACIÓN Y LA AUTOACEPTACIÓN

A medida que progresas en el camino espiritual, empiezas a ver que eres suficiente en ti mismo, y que solo tienes que responder ante ti mismo. La cuestión se vuelve simple: ¿Estoy desempeñando mis mayores capacidades ante Dios, ante mí mismo y ante mis semejantes y las personas que amo? Tu obligación ante la divinidad es ser todo lo que puedes ser para ti mismo, para Dios y para todos. De este modo, estás cumpliendo tu promesa. Por lo tanto, ¿qué podría hacer por ti la aprobación? Lo único que hace la aprobación es construir tu ego. Si no te falta nada, esa aprobación es innecesaria. Si has hecho las cosas lo mejor que has podido, no necesitas la aprobación de otros.

Es algo parecido a conseguir hacer hoyo de un solo golpe jugando al golf. Simplemente la bola cae dentro por accidente. Es emocionante, pero en realidad no es una habilidad porque, si lo fuera, podrías conseguirlo una segunda vez.

Entonces, ¿cuál es el propósito de la vida humana? Facilita la evolución de la conciencia hasta la realización de nuestra realidad última. Forma parte del camino a la iluminación. Entonces surge la cuestión: ¿cómo surgió este mundo? Esto depende de a qué te refieras con "este mundo": ¿el planeta, nuestra humanidad, la experiencia humana? El mundo del que estamos hablando es un estado de conciencia. Este mundo surgió como un beneficio kármico, como una consecuencia automática de aquello en lo que nos hemos convertido. Y el nacimiento de la moralidad es intrínseco a la experiencia humana, y muy prominente en el mundo de hoy.

Nuestra moralidad, nuestro sentido del bien y del mal, es innato, está incorporado en nuestro sistema nervioso. Con el tiempo, una sociedad pasará por periodos de gran confusión y colapso debido a que las definiciones de moralidad, de lo que está bien y de lo que está mal, de lo que es real y de lo que no lo es cambian radicalmente.

No solo cambian constantemente, cambian con la década, cambian con los medios de comunicación y también cambian a lo largo de la vida del individuo. Lo que está bien o mal en la infancia no es lo mismo que en la niñez posterior, en la adolescencia, en la vida adulta, en la madurez e incluso en la ancianidad.

Un acuerdo compartido en todos estos asuntos produce el contrato social y permite la gobernanza. Sin acuerdo, solo hay discordia. Y lo que cambia el conjunto del cuadro, una vez que piensas que todo ya está en su sitio, es la politización que viene a continuación. Todas las definiciones de lo que está bien y de lo que está mal, de lo que es moral y de lo que es apropiado ahora han sido corregidas. La politización es un modo de cambiarlo todo constantemente.

Todo ha quedado politizado. El lenguaje, las palabras; ahora cada inflexión y gesto está politizado. Y tienes que tener cuidado con cómo construyes las frases, porque si usas una palabra equivocada, se acabó.

Puedes ver lo complicado que ahora se ha vuelto el intento de comprender el comportamiento humano. Estamos amontonando espejos sobre espejos sobre espejos. La realización implica que tú no estás limitado por este mundo, ni siquiera eres *definible* por este mundo. Tu espíritu, tu Ser, no puede medirse por este mundo, y no es visible para este mundo. De modo que lo que quieres es transcender el mundo: estar en él sin ser de él, no estar limitado por él. Estar limitado por él es comprar todos sus programas. Para comprar todos sus programas, vas a tener que ir por ahí y comprar todo lo que esté a la venta, porque si eres una persona de éxito, has de tener todas esas cosas. Pero no es posible satisfacer todas las definiciones del éxito, porque deberías tener más amigos, deberías ser más atractivo, deberías tener más dinero. Siempre hay algo en ti a lo que le puedes encontrar alguna falta, y nunca te sentirás satisfecho.

El secreto está en ser feliz con lo que eres en el momento, y también en ver que eres un ser humano en evolución. Por lo tanto, no tienes que ser perfecto porque no se requiere que seas perfecto. Solo se espera que hagas el mejor uso posible de tus posibilidades para aprender y crecer, para apoyar a otros, y para ser amoroso y perdonar. Entonces estás haciendo todo lo que puedes hacer como ser humano.

EL PODER DE LA GRATITUD

La gratitud nos da la oportunidad de entender y experimentar mejor las circunstancias negativas. Aquí hay un ejemplo de la vida real que me gusta usar: si alguien, yendo marcha atrás, choca con mi coche en el parquin, siempre me preocupa hacer que esa persona se sienta mejor. Le digo: "No te preocupes. Nos ocurre a todos. Tu tienes seguro. Yo tengo seguro. No hay ningún problema". En realidad solo es una tontería. Nada que vaya a arruinar tu vida o la de la otra persona.

Encuentro que hacer que los demás se sientan felices es muy gratificante en sí mismo, porque puedes ver que las preocupaciones de la persona van desapareciendo lentamente y su alivio es palpable. Pasa de pensar que le vas a demandar a un estado de calma y paz. Le aseguras que todo está bien. Es algo maravilloso hacer que otro se sienta mejor, en lugar de intensificar una situación estresante.

Pronto aprenderás que esta forma de vivir es extremadamente agradable, que te ves rodeado de personas amistosas y amorosas, y que te sientes bien cuando vas a la cama por la noche. Tu vida se vuelve gratificante y tu felicidad irradia hacia fuera, hacia el mundo. Siendo de esta manera, te conviertes en una especie de estación transformadora para que los niveles superiores de conciencia te usen como camino para llegar a otros.

LOS PARADIGMAS DE LA CIENCIA Y DE LA ESPIRITUALIDAD

La ciencia está en un paradigma de lógica, linealidad y causalidad, y calibra en el nivel de los 400. Existe dentro del paradigma newtoniano de la realidad, que incluye la física ordinaria, las matemáticas, la ciencia y la razón. Sin embargo, el paradigma espiritual es diferente, y calibra de 500 hacia arriba.

Por lo tanto, la ciencia es más limitada. La realidad espiritual calibra de 500 hacia arriba, de modo que te encuentras con que no puedes demostrar el amor. No puedes demostrarlo porque es algo no lineal, inefable: estar enamorado o amar algo. No puedes probar el amor científicamente, pero es poderoso. La persona renunciará a cualquier cosa en este mundo y caminará hasta el final de la tierra por amor.

El amor pertenece a una dimensión y a una cualidad diferentes. Lo mismo es válido para la belleza: la música y las artes. No puedes tomar la temperatura de la música. La música no tiene temperatura. La temperatura pertenece a un dominio y la música a otro. Así, no puedes probar ni falsear la realidad espiritual usando la ciencia. Lo único que sé es que lo que de algún modo atraviesa el puente es lo que llamo la ciencia clínica. La ciencia académica no puede cruzar el puente. La ciencia clínica puede ciertamente aportar probabilidades e inferencias, pero no puede aportar pruebas.

Hemos llevado a cabo calibraciones a lo largo de los años y hemos obtenido mucha información sobre esos estados inefables. Esto nos ha ayudado a entender y a determinar ciertas probabilidades, pero no produce certezas. No es una prueba en el sentido científico. La realidad espiritual no está en el mundo de las pruebas. Puedes probar cosas dentro de la dimensión lineal, de los niveles calibrados de los 400. No puedes probar nada de los 500 hacia arriba.

¿Qué constituye una prueba para un hombre? ¿Qué es una certeza para otro hombre? Un santo Tomás dubitativo dudará de cualquiera cosa, hasta de la divinidad. El escepticismo es su propia limitación y calibra en torno a 170. Es un estado mental negativo, e invalida cualquier cosa que no sea irrelevante y obvia. Se pierde todo el misterio de la vida, la esencia de las cosas.

Cuando ves el mundo tal como es, no es un producto de la duda. ¿Dudas de que la música de la sinfonía es preciosa? No. Acabo de sentir un escalofrío que me ha recorrido la espalda hasta el cuello. No es un proceso mental ni un juicio. En la ópera hay ciertas piezas que literalmente te producen escalofríos en la columna. No puedes desacreditar eso. La música es tan asombrosamente bella, tan impresionante, y no hay manera de probarlo científicamente.

MANTENER LA INOCENCIA Y EL ASOMBRO COMO SI FUERAS UN NIÑO

Los niños son inocentes porque todavía no han sido programados. No obstante, a medida que envejecemos, nuestra inocencia intrínseca sigue estando dentro de nosotros. Por lo tanto, a través de la evolución espiritual alcanzamos el punto llamado discernimiento. En la tradición clásica se llama discernimiento a la apertura del tercer ojo del cuerpo búdico.

Ocurre en el nivel de conciencia 600. Esto también se conoce en la filosofía hindú como Sat-Chit-Ananda. En ese nivel, puedes abandonar el mundo o quedarte en él, no hay diferencia. Con la apertura del tercer ojo del cuerpo búdico, uno disfruta intrínsecamente de la capacidad de discernir la esencia de las cosas. Ves más allá de la piel de cordero, y notas que allí hay un lobo.

De modo que una vez que se abre el cuerpo búdico, te das cuenta de que dentro de la piel de cordero hay un lobo esperando matarte, aunque no literalmente. La cultura va a instaurar sus opiniones y valores dentro de ti cuando eres niño. Entonces adoptarás y te identificarás con estos estándares, normas y ética; en la medida en que queden incorporados se convertirán en tu programación.

Así, el modo de cambiar esa programación es ser tú mismo. Esto no es fácil cuando estamos perdidos en un laberinto de espejos. Con cada giro que hacemos, empezamos a ver las cosas de otra manera. Con cada giro, puedes ver lo compleja que es la vida humana. Una cosa que podemos hacer es honrar esta vida humana compleja y siempre cambiante. Hace falta una gran cantidad de voluntad y devoción a la vida simplemente para seguir caminando con la cabeza alta. Como sabemos, los niveles de conciencia son propensiones kármicas. Algunos de ellos son regalos de Dios. Y el propósito real de la vida humana es la evolución de la conciencia.

A medida que envejecemos, tenemos que cambiar constantemente nuestras expectativas con respecto a nosotros mismos y a otros, nuestros roles sociales. Estamos cambiando constantemente nuestra comprensión de la interacción con esta enorme complejidad.

Si miras la vida, puedes ver que tenemos que tomar una interminable serie de decisiones de cada segundo al siguiente. Puedes seguir esta dirección o esa otra. Cada elección lleva a otra. Si calibramos cada decisión y siempre seguimos la respuesta del sí —que es el nivel de la conciencia superior—, acabaremos en un flujo completamente distinto del de una persona que siempre elija el no. Seguir la verdad acabará llevándote a Dios.

ALCANZAR LA DICHA INFINITA Y ATEMPORAL

Así, siguiendo constantemente la verdad, acabarás en Dios y en ciertos niveles de conciencia, como los de la alegría y el éxtasis. La alegría y el éxtasis son incapacitantes y no te permiten funcionar. La alegría es exquisita. El éxtasis es indescriptible. El éxtasis de la primera exposición al campo de energía de Dios —sentir directamente la divinidad— le llena a uno de una alegría exquisita, más allá de todo tiempo y de toda expresión.

De modo que el conocimiento que me llegó fue que esto, el estado de éxtasis, también tenía que ser entregado a Dios. Y entregué el éxtasis. No puedo llegar a decirte lo cautivador que es. No fue nada fácil. Pero en un momento dado me di cuenta de que esto también tenía que ser entregado, de modo que me arrodillé y entregué el éxtasis. Y entonces llegó un estado más allá de toda descripción. Infinito, interminable, eterno, un sentimiento de compleción, compleción total. Y en ese momento tienes permiso para dejar el cuerpo. No necesitas quedarte en el cuerpo. No estás obligado a quedarte en él ni a irte.

Eres libre de irte porque eso que tú eres no es el cuerpo, y es irrelevante que este sobreviva o no. En realidad, que sobreviva o no depende del karma del mundo y del karma de las personas de tu vida. Te rindes a la voluntad de Dios, o al campo de energía que esté siendo experimentado: dicha atemporal, infinita. Y lo que ocurra después de eso depende de la voluntad de Dios.

CAPÍTULO 3

CÓMO ENCAJA LA LEY DE ATRACCIÓN EN EL CAMINO ESPIRITUAL

En este capítulo, el doctor Hawkins ofrecerá sus comprensiones con respecto a la Ley de Atracción. Explicará lo que está en la raíz de la Ley de Atracción y sugerirá un método todavía más poderoso que puedes utilizar en tu vida de cada día: la Ley de Intención. El doctor Hawkins también revelará por qué la gente se obsesiona con la última moda espiritual, y cómo trabajar óptimamente con el conocimiento que podemos adquirir a través del proceso de calibración para ayudarnos en nuestro camino espiritual de manera íntegra y congruente.

~~~

En el trabajo espiritual, la comprensión clave es que lo que tienes en tu mente tiende a manifestarse. Esto es muy práctico; en lugar de usar la fuerza de voluntad, lo que hacemos es mantener una visión de lo que es deseable, y eso tiende a manifestarse. La explicación científica se basa en la mecánica cuántica. El potencial del universo se calcula a través del proceso de Schrödinger, que denota las posibilidades. Lo siguiente que se invoca es la intención. Y la intención activa el principio de Heisenberg. Una intención colapsa la función de onda del potencial a la realidad. Así también es como funciona el test de kinesiología. Y este es el proceso de Heisenberg.

El proceso de Heisenberg introduce el efecto de la conciencia y la intención. Y entonces podrías decir: si hay una posibilidad que sea factible, ocurrirá el proceso de Dirac, en el que colapsas la función de onda del potencial a la realidad. Así, por ejemplo, a lo largo de mi vida he tenido en mente dónde quería vivir. Si quería una casita junto a un arroyo, tenía una casita junto a un arroyo. Lo que quería es lo que acababa materializándose.

Esto no es magia. La Ley de Intención se basa en la mecánica cuántica: el potencial deviene real cuando las condiciones locales lo facilitan. La intención incrementa la probabilidad de manifestar lo que se tiene en mente. He sabido esto a lo largo de toda mi vida.

Cuando utilizas el poder de la intención, estás aprovechando el poder del campo de conciencia mismo. La conciencia está más allá del tiempo, de la dimensión y de la localización, y no tiene límites. De modo que lo posible se vuelve real, y lo que determina que esto sea así es que las condiciones locales sean favorables. Cuando las condiciones locales son favorables, el potencial deviene real.

Otros expertos lo expresan de maneras distintas. Rupert Sheldrake es un biólogo e investigador del campo de la conciencia, y su principio es esencialmente el mismo: que lo que mantienes en tu mente tiende a manifestarse cuando las condiciones locales son favorables. Él lo llama formación causativa. Este principio ha sido descrito a lo largo de los siglos desde distintos puntos de vista. Tradicionalmente, está incorporado en la oración. Cuando rezas, estás manteniendo algo en mente, y estás añadiéndole tu intención. Así comienza a ser probable que eso se manifieste, y determina cuándo va a convertirse en una experiencia en el mundo físico.

No hay límite para lo que puedes manifestar en el mundo. Sin embargo, no sabes a cuántos ciclos de vida estás afectando. Es posible que lo que tienes en mente y deseas intensamente, y oras por ello, no se presente en este ciclo de vida. El hecho de que te ocurra algo maravilloso o algo horrible a menudo es una resaca de otra vida, en la que fuiste muy intenso con respecto a lo que pediste. Si usas la prueba de la conciencia y preguntas: "¿Es el karma una realidad legítima?", siempre obtenemos un: "Sí, lo es". Incluso el Antiguo Testamento dice con certeza que los problemas de la humanidad son una herencia kármica por haber desobedecido a Dios y comido de la manzana. Ahora bien, si eso no es karma, no sé qué es.

CALIBRAR LA LEY DE ATRACCIÓN

La Ley de Atracción calibra en torno a 250. El hecho de que sea más probable que experimentes una cosa no significa que ella haya sido atraída hacia ti. La atracción es más como un gran imán, y tú no vas a atraer mágicamente estas cosas del universo. La intención incrementa la probabilidad de que se manifieste lo que mantenemos en mente: es lo que te impulsa hacia algo, y no al revés.

Los 400 son el dominio de la razón, y los 300 son más el reino del sentimiento: entusiasmo, animación. Estos sentimientos son geniales, pero aún tienes que resolver el problema de cómo hacerlo. Tenemos muchos visionarios de los fines, y apenas tenemos visionarios de los medios. Todo el mundo quiere unificarnos a todos en una gran familia feliz. Esa es una gran visión, pero ¿cómo se *hace* eso? Una de las cosas que puedes hacer es examinar todos los descubrimientos científicos que tanto han beneficiado a la humanidad. Todos han salido de la ciencia, y muchos de ellos han ocurrido durante mi vida. Los médicos trataban casos desesperados de sífilis, y entonces se inventó la penicilina, y con una sola inyección el paciente estaba curado. Sin duda estos son milagros. Muchas enfermedades fueron curadas, una tras otra, con la intención. Con la intención atraemos los medios y las mecánicas involucradas.

Otro factor que se debe considerar es el nivel de calibración en el que estás y existes. Si una persona calibra muy alto y mantiene algo en mente, a veces la probabilidad de que se manifieste es cercana al cien por cien. Las personas con una calibración baja y negativa probablemente tienden a manifestar lo que no quieren.

EL PODER DEL MOMENTO PRESENTE

Piensa en esto por un momento: si vives en el momento exacto del *ahora*, no tienes ningún problema. Me gusta usar el ejemplo de una persona a la que le van a cortar la cabeza. La persona asciende al patíbulo y en ese momento no tiene problemas. Pone el pie en las escaleras, y en ese momento, todavía no tiene problemas. Y luego pone la cabeza sobre el bloque; en ese momento todavía no tiene ningún problema.

Si vives el momento, no está ocurriendo nada. Y entonces, ¡zas!, rueda tu cabeza, y ¿adivina qué? ¡Sigues sin tener ningún problema! Incluso en el peor de los escenarios, si vives en el instante, en el momento exacto del ahora, ves que la generación de ansiedad y los sentimientos negativos se basan en proyectar sobre el futuro. La ansiedad, el miedo y la decepción guardan relación con el futuro o el pasado. Si observas tu mente, verás que o bien te estás lamentando por algo del pasado o estás anticipando temerosamente algo del futuro.

Se solía decir: "Mantén tu mente donde está tu cuerpo", lo que significa en el momento exacto del ahora. La persona media se está preocupando del futuro o dando vueltas al pasado. Vas a anticipar respuestas positivas para el futuro, pero también escenas de miedo.

Los principiantes en la investigación de la conciencia espiritual tienden a sentirse confusos porque mezclan niveles de conciencia. Lo que se dice en un contexto no puede ser criticado desde otro. No puedes contradecir una declaración desde otro nivel de conciencia, como tampoco puedes criticar la teología desde el punto de vista de la ciencia. Son paradigmas distintos. No puedes criticar las matemáticas desde el punto de vista de la espiritualidad. Eso es mezclar niveles. Por ejemplo, una persona podría decir: "Bien, sí, estoy viviendo en el ahora cuando me preocupo, estoy preocupándome ahora mismo. Estoy viviendo en el presente cuando me lamento por el pasado, estoy lamentando el pasado ahora mismo. De modo que, si vivo en el ahora mismo, me lamento por el pasado y siento ansiedad por el futuro. Entonces, ahora mismo eso es lo que me preocupa. Y este es mi ahora, mi ahora está lleno de ansiedad y de lamentos".

A continuación dice: "Bien, para liberarme del lamento y del miedo anticipatorio, tengo que salir del ahora. Para mañana, ya lo tendré todo calculado". Esto también denota tiempo. El mero hecho de que prestes atención a algo no lo convierte en el ahora. Un estilo de vida contemplativo, del que hablamos en el Capítulo 1, puede ayudar a sacarte de la ambigüedad sobre el ahora y el no ahora, y el futuro y el pasado; porque cuando se ve desde el punto de vista del testigo de la conciencia misma, no hay ningún ahora, no hay ningún pasado, no hay ningún futuro.

Los fenómenos se van desplegando, pero no se despliegan dentro de la pista del tiempo lineal. No hay una

pista temporal dentro de la conciencia. En la conciencia todas las cosas están igualmente presentes todo el tiempo, porque está más allá del tiempo. No hay lugar dentro del campo de conciencia infinito porque es infinito. Cada lugar dentro del universo infinito está aquí ahora mismo, y la totalidad del tiempo está disponible ahora mismo. Y podemos demostrar esto con la calibración de la conciencia. Podemos calibrar lo que sintió y pensó Cleopatra, y en cuánto calibraba. La gente podría decir: "Bueno, eso fue en el pasado". No, es ahora. Cleopatra no está en el pasado, nada está en el pasado. Todo es ahora, y todo está aquí. La razón es que todo queda registrado para siempre dentro de la conciencia. Todo lo que ha ocurrido alguna vez está registrado para siempre, y no está archivado de acuerdo con pasado, presente o futuro; todo está presente ahora mismo. Todo lo que haya ocurrido alguna vez está igualmente presente ahora mismo, aquí mismo.

En un universo infinito, ¿dónde está el centro? El centro de un universo infinito está en todas partes. Dentro de un tiempo infinito, ¿cuándo es ahora? Ahora es todo el tiempo. De modo que estos son distintos niveles de abstracción, y en el estado iluminado este tipo de problemas no se formulan en la mente porque no se considera que haya un problema. Solo está la conciencia de la conciencia de la conciencia. Yo pienso en ello más en términos de estética, y de cambiar el funcionamiento del cerebro izquierdo, cuyo pensamiento es lineal, lógico, secuencial y volitivo, por una apreciación más propia del cerebro derecho. Cuando vas caminando por un precioso bosque y puedes oír los pájaros cantar y ver las hermosas flores primaverales, no estás pensando con el cerebro izquierdo. Estás simplemente en el aprecio, en la estética. La comprensión de las realidades espirituales aumenta con la estética.

La música hermosa, la danza, las pinturas, las catedrales: la belleza es intrínseca a la celebración de la divinidad. Recuerdo haber mirado a las tallas de un púlpito que tenía una altura de dos pisos. El tallador dedicó toda su vida a tallar ese púlpito. Se pasó toda la vida tallándolo. Y lo impresionante de las grandes catedrales es que cientos de hombres pasaron toda su vida en ellas durante más de un siglo.

Estos magníficos edificios —la abadía de Westminster, Notre-Dame, la catedral de Chartres— hacen que te sientas humilde. Tomas conciencia de que eres una entidad tan pequeña, que nunca serás tenido en cuenta ante estos grandes logros arquitectónicos. Experimentas aprecio por la grandeza de la humanidad: tener en mente la abadía de Westminster y pasarse mil años construyéndola. Vida tras vida, la gente sacrifica su vida por la belleza, por las tallas elaboradas y las grandes vidrieras que nunca podrán ser reproducidas.

Puedes hacer que el tiempo desaparezca. Y, por supuesto, cuando estás en los grandes momentos de tu vida, el tiempo desaparece. De hecho, en realidad la experiencia del tiempo es resistencia a experimentar. Y cuando dejas de resistirte a experimentar y permites que la experiencia se experimente a sí misma, el sentido del tiempo desaparece. Aprendí esto desde un punto de vista práctico, porque solía ser muy aburrido conducir desde Phoenix hasta donde vivo. Empecé a usar mi mente para hacer desaparecer el tiempo y, en cuanto lo hice, me di cuenta de que salía de Phoenix y ya estaba en casa: todo el viaje había desaparecido, se habían esfumado varias aburridas horas de carretera.

A la mitad de la población le resulta imposible comprender la realidad espiritual; es imposible. ¿Por qué? Solo pueden entender el dominio lineal, el mundo newtoniano de causalidad. No tienen comprensión de lo no lineal. No comprenden el contexto. Y el mejor ejemplo de que el contexto influye en la moralidad es la ética situacional. La gente dice: "No, no. Lo que está bien y lo que está mal es absoluto". Todo depende del contexto. Cada caso que se presenta ante un tribunal es un caso basado en el contexto.

—¿Qué pasó antes de que apretaras el gatillo? ¿Te estaban amenazando?

—Pensaba que me estaban amenazando, pero en realidad no era una pistola. Solo estaba intentando sacar del bolsillo una hamburguesa.

Siempre miramos al contexto. ¿Cuál era la intención?

No podemos predecir el futuro porque el futuro es el producto de la intención de las decisiones que se producen a lo largo del camino. Ahora mismo tú y yo estamos decidiendo el futuro. Entonces, ¿cómo podría el futuro saber lo que va a ser hasta que termine el tiempo que pasamos juntos? El presente está basado en decisiones, intenciones y elecciones que se están haciendo ahora mismo. De modo que la creación y la evolución son una misma cosa. Sin este trasfondo, no entenderás lo que digo. Con respecto a la Creación: la divinidad ordenó que la creación fuera evolutiva. Y si examinas la historia de la totalidad de la vida, ves que todo es evolutivo. Desde las bacterias unicelulares más simples hasta los complejos seres humanos, el nivel de conciencia de la vida avanza constantemente a lo largo del tiempo.

La razón por la que no puedes predecir el futuro es que los determinantes del futuro todavía no han ocurrido. Y el futuro quedará determinado por las decisiones que son tomadas por millones de personas, y todavía no las han tomado. Un resultado determinista sería el fatalismo, y el fatalismo calibra bajo. Así, como el humano es evolutivo, porque nuestra conciencia es evolutiva, los factores que determinan los sucesos futuros todavía no han ocurrido, porque son opciones de la voluntad humana. Por lo tanto, si todos pensamos colectivamente de cierta manera, entonces va a presentarse una probabilidad, pero no una certeza. Todavía no vas a determinar el futuro.

El poder del hombre es insignificante en comparación con el poder infinito del universo y del campo de conciencia, que es omnipotente. Hay más energía dentro de un centímetro cúbico de espacio, hay más poder en ese pequeño espacio, que el equivalente a la masa total del universo.

Por lo tanto, una entidad muy poderosa que tenga algo en mente va a incrementar más la probabilidad de lo que tiene en mente que alguien que esté en un nivel de conciencia menos poderoso.

De joven, en una ocasión me invitaron a unirme a una sociedad prestigiosa, y lo rechacé. Intuitivamente sabía que no tenía que hacerlo. Me negué porque sabía que tenías que tomar un voto sagrado. Dicho voto se expresaba así: "Si alguna vez violo este voto, que mi destino sea su opuesto". Y eso te ata para muchas, muchas vidas.

De modo que esta es la base de la técnica de investigación que usamos: mostrar que una persona altamente evolucionada no responderá a una energía negativa menor, pero una persona que no esté tan evolucionada responderá a ella con facilidad. Por eso ves que las sectas ganan impulso. Las personas que se unen a ellas calibran por debajo de 200.

LA FUERZA DE LAS PERSONAS EVOLUCIONADAS ESPIRITUALMENTE

Digamos que te enfadas. Si has reprimido mucha ira a lo largo de muchas vidas, generalmente tendrás mucho enfado residual. No vas a superarlo con rapidez por el simple hecho de perdonar que el gato haya masticado tu calcetín. Estás acelerando el emerger a la conciencia de cosas que están reprimidas, así como del inconsciente colectivo. De modo que estás precipitando su procesamiento. Si consultas la Enciclopedia Británica y miras en místicos, te darás cuenta de que, históricamente, muchos de los místicos más famosos han vivido largos periodos de enfermedad.

He dado muchas charlas sobre salud y curación, y he mirado lo que ha ocurrido en mi propia vida. Yo tuve veintiséis enfermedades, la mitad de las cuales eran prácticamente fatales. Úlceras perforadas recurrentes, diverticulitis hemorrágica, migrañas y pancreatitis aguda, simplemente una cosa tras otra, hasta el punto de que ahora se me clasifica como místico. El místico es consciente de una verdad absoluta sin tener que pasar por un proceso para alcanzarla. La va procesando usando todas las técnicas que ha aprendido. Para el místico, el destino del cuerpo tiene mucha menos importancia que para la persona media. Afronté la posibilidad de morir y no recuerdo haber sentido ninguna ansiedad al respecto.

Si alguna vez has tenido experiencias de salida del cuerpo, puedes ver tu propio cuerpo tumbado allí. Y lo interesante es que, en cuanto estás fuera del cuerpo, ya no te interesas por él.

EL IMPACTO DE LA COMUNIDAD

Mucho depende de cuán orientada hacia la espiritualidad esté una comunidad. Una persona intensamente comprometida con la espiritualidad sería entendida en un entorno y sería considerada una extraña en otro. Cuando están con personas término medio que no son creyentes, la mayoría de los místicos no destacan en absoluto. Cuando el místico alcanza cierto estado de conciencia, simplemente abandona el mundo y despega, y entonces el mundo cree que se ha vuelto loco. Lo que ocurre es que se ha vuelto predominante otra realidad. El mundo del ego y de la conciencia humana ordinaria ya no le es válido, ya no le motiva. El dinero, el éxito y la fama serían una carga. El místico se compromete con otra realidad, es consciente de la realidad infinita. Y en el contexto de la presencia del Ser (Yo) con "S" mayúscula, las ambiciones, miedos y emociones del yo con "y" minúscula parecen ridículos. Parece bastante absurdo, pero eso es su vida ahora.

Tampoco puedes aparentar que eres un místico. No puedes pretender que tu ego ya no ansía las gratificaciones materiales externas. No puedes disolverlo artificialmente. Tiene que ser una realidad. Y finalmente, con el esfuerzo espiritual se convierte en una realidad y es una realidad dominante. Así, en la realidad espiritual, el Ser domina al yo y lo reemplaza. Uno ya no mira al yo porque la abrumadora presencia del Ser se impone a él. El miedo a la muerte desaparece.

Como hemos aprendido, las personas con inclinaciones espirituales a menudo han tenido una extensa exposición a la música, a las artes y a la estética. Estas cosas influyen mucho en el funcionamiento cerebral y en las conexiones neuronales. En mi familia, todos eran músicos. Cuando estaba embarazada de mi padre, mi abuela tocaba música clásica constantemente, y la gente se reía de ella y decían que era una anciana irlandesa ignorante. "Ya veréis", decía ella. Y tenía razón. Mi padre fue un gran músico. Y también solía leerme a Shakespeare. De modo que música clásica y Shakespeare. Y el sábado por la tarde la Opera Metropolitana se retransmitía por radio desde Nueva York, y Milton Cross la explicaba. Muy pronto te ves atrapado en *El anillo de los nibelungos* y esperando que den *Lohengrin*. Se convierte en algo intrínseco.

También he mencionado la importancia del sentido del humor. Creo que es extremadamente importante, tan importante como cualquier otro aspecto en la vida, como el amor, la gratitud y la solemnidad. El humor tiene un efecto curativo en la gente. Señala las ambigüedades de la vida, y a menudo apunta a la ambigüedad entre contenido y contexto, y ves que ambos acaban estando en el punto opuesto al que les corresponde. El humor también tiene una manera de conectar a la gente y de ayudarles a dejar a un lado las diferencias a través de una nueva perspectiva o actitud. Algunos han escrito libros sobre cómo se han recuperado de enfermedades graves simplemente empleando el humor. La risa libera endorfinas en el cerebro y afloja la tensión, entre otros grandes beneficios para la salud.

En el mundo de hoy, el reto consiste en que, como estamos tan hiperconectados a través de la tecnología, estamos siendo adoctrinados y programados constantemente a través de los medios de comunicación social, mediante memes, citas y así sucesivamente: frases que se mencionan con tanta frecuencia que acaban aceptándose como verdad. Se aceptan como verdad por la mera repetición.

Detrás de todo esto y de todas las cosas de las que hemos hablado está la intención. Todo está energizado por la intención. Debemos aprender a discernir, en lugar de creer ingenuamente en lo que vemos. Sin ayuda, la mente humana es incapaz de distinguir entre verdad y falsedad. La mente no entrenada está tan dominada por la estructura del ego que no puede discernir entre percepción y esencia. Y lo que eleva nuestro nivel de comprensión de la realidad es afrontar el narcisismo mediante la espiritualidad.

La mente narcisista está regida por su propio punto de vista, mientras que la espiritual busca la verdad por su propia validez. El antídoto del narcisismo es la espiritualidad. Creer en Dios marca toda la diferencia del mundo: el que la persona sostenga o no que Dios es una probabilidad hipotética. El escepticismo es una cosa y el ateísmo otra. Yo fui un devoto agnóstico durante muchos años. Era ateo, pero, a medida que entrenaba mi cerebro, mi pensamiento se fue sofisticando y me hice agnóstico. El contexto general en el que ocurre este cambio de comprensión es la creencia en Dios frente a la creencia en que no hay Dios. El laberinto de espejos tiene un aspecto muy distinto cuando está iluminado por la luz de la divinidad.

CALIBRACIÓN DE LOS ARTISTAS Y SUS OBRAS

Si calibras a los grandes compositores y a los grandes artistas, calibran muy alto. Los miedos neuróticos no fueron la fuente de su genio. Puedes mirar en el espejo y pintar tu propio autorretrato, e incluir en ese cuadro las angustias por las que has pasado, pero esa no es la fuente de tu genio; eso solo es la fuente del tema que retratas. Tomemos, por ejemplo, el autorretrato de Van Gogh, uno de los cuadros más famosos del mundo. Considera la calibración general de la persona a la que le está ocurriendo el fenómeno. Puedes ser un genio creativo y no compartir ninguna de tus angustias con el mundo. Por otra parte, es posible que quieras compartir esa angustia. Puedes proyectarla ahí fuera y dejar que alguien más experimente tu angustia interna sin identificar que es tuya en particular. Shakespeare fue un gran escritor. Sin duda él expresó su experiencia personal de la angustia humana en sus obras, pero, debido a lo común de estas experiencias, resuenan con gran cantidad de gente. Lo que Shakespeare expresó en sus obras todavía es muy, muy pertinente en el mundo de hoy.

EL PODER DE LA INTENCIÓN

Yo tenía una consulta en la que trabajaban una serie de profesionales médicos: psiquiatras, terapeutas, trabajadores sociales y psicólogos. Noté que algunos de nosotros teníamos una tasa de recuperación de pacientes más elevada que otros; mi tasa de éxito era elevada. A veces me preguntaba: "¿Cuál es la razón de esto?". Guarda relación con la intención: estar dispuesto a hacer todo lo que sea posible para ayudar a un paciente a recuperarse. Y no estaba restringido por el paradigma científico rutinario de la realidad. La medicina tradicional calibra en torno a 440, pero los niveles más elevados de la medicina, que son más creativos, calibran en 445 o 450. Aprendí intuitivamente que ciertas prácticas que otros médicos consideraban alternativas o poco convencionales ayudaban a algunos pacientes. Consideremos la acupuntura, por ejemplo. Los médicos modernos fruncen el ceño ante la medicina tradicional china. Yo casi morí de mis úlceras hemorrágicas recurrentes en el duodeno, y los médicos no podían encontrar el modo de ayudarme. En tres tratamientos de acupuntura, me curé. Entonces, ¿cómo puedo desacreditar algo que te cura en tres tratamientos, y la profesión médica no había podido hacerlo en veinte o veinticinco años?

La recuperación exitosa requiere tener la mente abierta y estar dispuesto a explorar más allá de lo que llamamos los protocolos normales de tratamiento. Muchos profesionales médicos no están dispuestos a pensar fuera del ámbito de lo que consideran diagnósticos y prácticas socialmente aceptables, lo que limita su capacidad de ayudar a la recuperación de sus pacientes.

Yo tuve un paciente que sufría todo tipo de síntomas. Pasó por los procedimientos de tratamiento rutinarios, viendo a psiquiatras en los centros médicos de Stanford y UCLA. Intentaron tratarle casi cuarenta psiquiatras distintos, pero ninguno de sus métodos funcionó. Ninguno de estos psiquiatras fue capaz de diagnosticarle adecuadamente o de ayudarle a recuperarse

Cuando vino a mi consulta, estaba a punto de tirar la toalla. Para mí era evidente que este hombre necesitaba mi ayuda. Como los procedimientos psiquiátricos normales no resolvían sus problemas, pedí una prueba de cabello, que es otra de las cosas ante las que la profesión médica frunce el ceño. Esto no partió de la razón ni de la lógica; escuché a mi mente. Los resultados de dicha prueba revelaron que la concentración de mercurio en su cuerpo había alcanzado niveles tóxicos.

Le desintoxicamos del mercurio usando altas dosis de vitamina C y de ácido ascórbico, y se recuperó completamente. Nadie había sido capaz de diagnosticarle, y tampoco sabían cómo tratarle. Nada de esto vino a través de la lógica del cerebro izquierdo, sino más bien a través del conocimiento intuitivo. Era evidente que este hombre sufría, pero sin seguir un patrón conocido.

A menudo me llaman pacientes con informes de depresión, ansiedad y ataques de ansiedad, fobias intensas y brotes repentinos de ira. Les sugiero que dejen de tomar azúcar hasta que vengan a la consulta, y una cuarta parte de ellos dejan de experimentar esos síntomas cuando vienen a verme. Una de las condiciones médicas peor diagnosticadas es la hipoglucemia funcional. A los pacientes con estos síntomas, los profesionales médicos les diagnostican rápidamente desorden de hiperactividad por déficit de atención, o desorden bipolar, sin descartar la posibilidad de la hipoglucemia funcional. De hecho, los niveles bajos de glucosa en sangre pueden conducir a la disfunción cerebral y a un mal funcionamiento adrenal, que a su vez puede causar cambios imprevisibles en el temperamento y alteraciones del estado de ánimo. Al eliminar el azúcar, los pacientes pueden deshacerse de los ataques de ansiedad, el insomnio, la depresión e incluso la ira repentina.

PENSAMIENTOS FINALES SOBRE LA LEY DE ATRACCIÓN

Un profesor avanzado te diría que te olvides de la Ley de Atracción, porque eso solo es la voluntad del ego deseando cierto resultado, proyectándolo en el mundo, y persiguiendo el éxito. Suelta todas las atracciones y las aversiones. En lugar de lamentar el hecho de que no eres un millonario, renuncia a la idea de ser millonario. Existe la ilusión de que ser millonario va a hacerte feliz, pero no es necesariamente así. Ese deseo satisface una ambición en ese momento, y entonces sientes que, como ese deseo ha sido eliminado, vas a estar bien. Pero si no cambias los hábitos del ego, surgirán nuevos problemas. El ego encontrará otra manera de dominar. Es la idea de que el deseo de ser especial proyecta este "ser especial" sobre algo. La investigación muestra que la gente que gana a la lotería no suele disfrutar una mejora en su calidad de vida. A estas personas que ganan de repente grandes cantidades de dinero les ocurren todos los resultados negativos que te puedas imaginar. Las consecuencias pueden ser devastadoras; vemos que se incrementan las tasas de suicidios, de divorcios y de adicciones. Existe la fantasía de que tener millones de euros te llevará a la felicidad, pero en realidad genera una gran cantidad de tensión.

Retiras los obstáculos a la realidad espiritual y ella se funde contigo. Antes estabas siendo dominado por el yo con "y" minúscula, con sus querencias y deseos, atracciones y aversiones y, a continuación, permites que irradie el Ser con S mayúscula. Cuando irradia el Ser con S mayúscula, no hay deseos o aversiones. Todo es tal como es. El consejo de un profesor más avanzado sería que dejases de proyectar el campo de energía del glamur sobre lo externo, y que dejes de proyectar temores, atracciones y aversiones. El estado prístino, por tanto, es un estado sin atracciones ni aversiones, y en ese estado prístino, todo simplemente es. Y si todo simplemente es, entonces hay paz absoluta. Mira donde te encuentras en este mismo momento: dónde está el libro, dónde están tus pies, qué cosas hay a tu alrededor. Todo simplemente es. ¿Cuál es el problema? No hay problema. Tendrías que crear uno en tu mente y a continuación proyectarlo sobre el mundo.

Una vez que te orientas hacia, o te interesas por, la espiritualidad, generalmente hay un periodo en la vida donde te sientes atraído kármicamente, o al menos inspirado, por otras personas. La mayoría de la gente pasa por un periodo de investigación. Leen muchos libros, escuchan muchas charlas y se sienten atraídos por ciertas cosas. Lo que hay en juego son influencias kármicas, de modo que, aunque hayan olvidado por qué se sienten atraídos hacia esas cosas, empezarán a sentirse atraídos. Y de algún modo, al tener en mente que quieres un maestro avanzado, tomas conciencia de la información sobre la disponibilidad de uno de ellos.

Hay un periodo de búsqueda del maestro adecuado, a menos que tengas específicamente en mente con qué quieres empezar. En cuyo caso, entonces empezarás a acudir a las charlas de ese maestro particular, porque quieres que tu aura capte el campo energético del aura del maestro. El maestro de conciencia avanzado tiene un campo energético muy poderoso en su aura, y tú puedes calibrar el campo de energía del maestro. Lo que ocurre es que tu aura capta la frecuencia del campo de energía del maestro, y esta frecuencia del campo de energía del maestro puede persistir dentro de tu aura espiritual durante muchas vidas. Una persona que se ilumina puede haber captado el campo de energía de un gran maestro hace ocho o diez vidas, pero se manifiesta ahora. Así, tradicionalmente, visitas a un maestro, y muchas personas le estudian, meditan en su imagen, hacen cualquiera cosa que refuerce su compromiso y ellos mismos comienzan a avanzar hacia ese nivel. En realidad la corporeidad es, por desgracia, una dimensión física de la experiencia del aura del maestro que la transmite.

Cuando yo entré en lo que el mundo llama un estado de conciencia muy avanzado, dicho estado se presentó en forma de conocimiento, y a ese conocimiento le acompañaba una certeza absoluta. Afronté la renuncia a la fuente de la vida misma, ya había renunciado a todo en mi mundo, a cada atracción y a cada aversión. Y entonces surgió la conciencia de que todavía estaba aferrándome a una cosa. Esto también debe ser entregado a ti, oh, Señor, y esa cosa era la vida misma. La fuente de la vida misma, que intuyes a ese nivel porque todo lo demás ha sido retirado, surge del interior del propio ego. Y en ese momento entregué mi voluntad de vivir, mi voluntad de ser, la voluntad de estar en la forma de la vida misma. También te entrego esto a ti, oh, Señor. Si no fuera por la divinidad interna de la conciencia, ni siquiera serías consciente del mundo de la forma. Debido a lo informe, eres consciente de la forma. De modo que no tiene sentido adorar la forma, porque solo debido a lo informe puedes empezar a experimentar la divinidad de la totalidad de la existencia.

CAPÍTULO 4

EL AVANCE DE LA CONCIENCIA EN ESTA ERA TECNOLÓGICA

La tecnología es una fuerza rápida y furiosa con la que hay que contar en la sociedad de nuestros días. En este capítulo, el doctor Hawkins compartirá sus teorías sobre las trampas y las ventajas de este fenómeno. Comentará cómo puedes hacer avanzar tu conciencia estando acompañado por los últimos avances tecnológicos, como los medios de comunicación, la televisión, las películas, los chats, los blogs, los anuncios, y el constante bombardeo del marketing al que nos vemos sometidos. Y te dirá cómo puedes evolucionar espiritualmente con facilidad por encima de todo ese ruido. A lo largo del capítulo aprenderás lo que has de incorporar y también, pues es incluso más importante, lo que has de evitar.

≈≈≈

En lo relativo a la tecnología, yo contrato a personas que saben manejarla. Nunca me han interesado los ordenadores. Las cosas que quiero conocer no pertenecen al dominio lineal. En cuanto a Internet, lo importante es la intención con que se use. Puede usarse para bien o para mal.

La negatividad atrae mucha atención en nuestra sociedad. Los blogs, la televisión, los vídeos…, nada ralentiza más el tráfico que un accidente en la carretera. Todo el mundo tiene que ir más despacio y dicen: "¡Oh, ¿no te parece horrible?!". Nos sentimos atraídos por las catástrofes. Y, a continuación, lo que ocurre es que tenemos una epidemia de exposición a esta negatividad. Si puedes juntar sexo, seducción y violencia, esto te garantiza una gran audiencia y mucho dinero.

Así, reforzados por el deseo de dinero, los profesionales han descubierto que lo popular será algo que calibre en 70 o 90.

MANTENER LA POSITIVIDAD EN EL MUNDO DE HOY

Deberíamos reclamar la integridad, la sinceridad y otras virtudes. Mientras yo crecía, la educación era una de las grandes virtudes, junto con la sinceridad, la honestidad, la integridad y la veracidad. Veíamos estas mismas virtudes entre nuestros compañeros del servicio militar durante la Segunda Guerra Mundial. Éramos una banda de hermanos, y estábamos comprometidos unos con otros.

De modo que ese es un nivel de conciencia más alto. No olvides que la América tradicional calibraba extremadamente alto. La sociedad de hoy apenas calibra por encima de 200. De modo que lo único que aporta un poco de moderación en el mundo de hoy es la ley. La razón por la que no nos mentíamos unos a otros era nuestra mutua confianza. En el mundo de hoy, no se miente por temor a una demanda legal.

Dicho esto, todavía hay muchas cosas que son muy positivas en los medios. Pueden ser muy educativos. Los medios son el mecanismo, no el origen. El origen sigue estando en las mentes humanas, que pueden ser positivas o negativas.

Cuando yo crecía, el amor era muy popular. Ahora lo popular es el odio. Pienso que lo que guía a la gente es el sensacionalismo.

LA CAÍDA DE LA CONCIENCIA

La conciencia colectiva alcanzó un punto álgido a finales de los 80, y a continuación empezó a declinar. El nivel de conciencia de la civilización occidental ha caído dramáticamente en los últimos años. Y esto ha coincidido con la reciente visita del Papa, que ha tratado de reconstituir la integridad y la moralidad, el amor y el perdón, los valores tradicionales. Estos valores, por supuesto, calibran muy alto. El Papa estaba tratando de reemplazar eso que ha caído en el desprestigio con una mayor integridad.

El Papa obtuvo una respuesta muy positiva dondequiera que fue, y eso demostró cierta preparación, capacidad y hambre de reinstaurar ciertas cosas, como el valor, la veracidad, el perdón y el sacrificio, el sacrificio personal en bien de otros, etcétera.

Los medios de comunicación y la tecnología han desempeñado una parte significativa en esta tendencia descendente de la conciencia. Como hemos mencionado, existe una curiosidad y una tendencia natural a prestar atención a los sucesos negativos. Habiéndolos visto, no necesitas revolcarte en ellos ni vivir allí. Puedes ver el aspecto que tiene la pobreza. No tienes que ir a vivir allí.

De modo que, pregúntate: *¿Dónde quiero vivir?* ¿Quieres vivir una vida animal? El animal solo piensa en comida, sexo y territorio. Yo enseñaría a mis hijos sobre Freud, sobre el inconsciente y el *id* (ello), y los instintos animales que hay allí. Si quieres vivir una vida animal, ahí es donde vives. La humanidad tiene un lado animal en su naturaleza. Es muy territorial y dominante, y es tendente a la guerra.

El lado guerrero del ser humano ha hecho que estemos en guerra el 93 por ciento del tiempo (histórico). Y cuando examinas la fisiología del cerebro, ves que uno de sus lados está dominado por instintos animales, que calibran extremadamente bajo, por debajo de 200.

Los videojuegos, por ejemplo, calibran muy bajo, en 80. Vas a tener que hacer elecciones en tu vida: si vas a vivir en el fondo o en la cumbre de la sociedad.

LA EXPLOTACIÓN DE LA LIBERTAD DE EXPRESIÓN

Yo no soy un entusiasta de la libertad de expresión. Pienso que no todo lo que se escribe es adecuado para ser publicado. Hay una capacidad que se desarrolla con la madurez, y se llama discernimiento. Con la madurez, conozco muchas cosas que son legales, pero el discernimiento, la precaución, la racionalidad, el sentido de responsabilidad y la responsabilidad social te ayudan a darte cuenta de que seguir por ciertos caminos sería destructivo.

De modo que el nivel de conciencia de la humanidad asciende y desciende. Ascendió progresivamente durante el periodo de la Ilustración. La Constitución de Estados Unidos calibra en torno a 700: la calibración más alta que ha tenido una constitución en todos los países del mundo a lo largo de la historia.

La ciencia se emplea para salvar vidas. Y la ciencia también se usa de maneras nuevas y mejores tanto para salvar vidas como para matar a gente. No hay nada bueno ni malo en la ciencia misma; la ciencia calibra en los 400. Es una dimensión lineal de la realidad. Y el valor viene de lo no lineal. De modo que, en realidad, lo que se está planteando es cuál debería ser la relación entre lo lineal y lo no lineal, porque lo no lineal es lo que aporta el sentido de los valores.

LA TECNOLOGÍA Y EL CAMINO ESPIRITUAL

También se produce cierta impaciencia a medida que envejeces. Sabes lo que te espera y estás dispuesto a abordarlo. Te interesa lo que ocurre cuando dejas el cuerpo; te interesa el futuro en lugar de aferrarte al pasado. Cuando te das cuenta de que el cuerpo es temporal, ya no estás dispuesto a sacrificarlo todo por él.

Sabes que el espíritu es permanente y el cuerpo es físico. De modo que dices: "¿Qué es lo siguiente?". Investigas si existe tal cosa como el cielo. La respuesta es sí, aunque hay distintos reinos.

CAPÍTULO 5

RECORRER EL CAMINO DEL DESPERTAR COMO CIUDADANO DEL MUNDO

En este capítulo final, el doctor Hawkins compartirá sus comprensiones sobre los retos que el mundo afronta, y cómo nosotros, como ciudadanos del mundo, podemos evitar las dificultades y aportar una mayor conciencia a nuestras propias vidas y al mundo en su totalidad.

Vamos a empezar con los pensamientos del doctor Hawkins sobre el propósito de la vida humana.

≈≈

Desde mi punto de vista, el propósito de la vida humana es servir a Dios, servir a la humanidad, y servirte a ti mismo; ser un canal de la voluntad de Dios para el bien de toda la humanidad, así como para tu propia evolución. Después de todo, tú eres parte de la humanidad, de modo que no te dejes fuera.

No es tú contra la humanidad; tú formas parte de la humanidad. De modo que, al servir a la humanidad, también te sirves a ti mismo. Entonces, el propósito de la vida humana, si es realmente este, es el cumplimiento del propio destino de uno; y así realizas ese servicio a ti mismo, a Dios y a tus semejantes. Ahora el amor se convierte en una cualidad en lugar de ser una emoción. Ves a personas que lo que piensan del amor es: "Oh, nena, no puedes ver que te quiero". El amor es un modo de definir nuestra propia realidad. Es igualdad. A causa del amor evitas pisar el escarabajo negro porque aprecias el don de la vida, y porque el amor es valioso. El amor a la cualidad, el amor a la esencia y al bien. Y todo esto, como hemos dicho antes, afecta a cómo ves y experimentas el mundo.

Así, en las experiencias infantiles comienza la construcción de estos pilares. Y, como padres, tenemos que aportar toda la belleza, la música y las cualidades espirituales que podamos. Todas ellas acaban siendo normas y hábitos culturales, tanto si la gente cree en ellas como si no. Dicen: "Bueno, yo no creo en la ética y en la moralidad, en Dios y en la religión, y en toda esa basura de los años 50". Y a continuación se dedican a recitar lo que ha llegado a ser la norma cultural según las costumbres de nuestros días: los impactos mentales y las programaciones prevalecientes. La tecnología y el efecto de los diversos medios de comunicación hacen avanzar todo esto. Ahora tenemos acceso a grandes cantidades de conocimiento. Y a partir de todo lo que hay en el laberinto de espejos, acabamos aprendiendo a separar el grano de la paja y a liberarnos de las opiniones, del narcisismo, del relativismo, y en cambio desarrollamos objetivos e ideales de aquello en lo que queremos convertirnos. A continuación empiezas a identificarte con esos modelos. La sociedad necesita héroes. La sociedad necesita modelos.

De modo que el actual diálogo político calibra en el nivel de conciencia 200. En la generación en la que yo crecí, el diálogo político calibraba en torno a 280 o 290. Por tanto, ahora es de una naturaleza inferior, justo al borde de los 200, ni bueno ni malo, ni una cosa ni otra. Es la influencia de los medios de comunicación; a la gente no le interesa lo que eres realmente; lo que le interesa es el tipo de imagen que se proyecta de ti. Y así, lo que ellos esperan es que esa imagen proyectada movilice a la población. Como digo, se busca la popularidad. La popularidad, no la capacidad. De modo que se trata de ser el cirujano más popular de todos, pero eso no significa ser el mejor. Si me tienen que operar de un tumor cerebral, no me interesan los concursos de popularidad, lo que me interesa es la experiencia y la destreza.

Nuestra sociedad no busca la experiencia, busca la popularidad. Creen que la popularidad es lo que consigue votos, de modo que el objetivo del diálogo político es ser muy consciente de los medios de comunicación, e intentar jugar con ellos. Jugar con los prejuicios de la gente y con sus sistemas de creencias, en lugar de guiarlos. Algunos creen que esto es un gran paso adelante, pero en realidad no lo es; solo es jugar con la popularidad. Tenemos sexismo, racismo, y ahora añadimos los prejuicios con respecto a la vejez. De modo que tienes todos estos "ismos" batallando entre ellos. Y, como ya dijimos, en el momento en que añades "ismo" al final de algo, su nivel de calibración baja por debajo de 200. De modo que el impacto del diálogo en realidad está por debajo de 200, aunque hipotéticamente está en 200. El impacto real —como vemos en los chillidos y despotriques que salen en televisión cuando se intentan suprimir asuntos de los que no se quiere oír hablar, pues reflejan una mala imagen o exageran aspectos que podrían sonar favorables— lleva el diálogo por debajo de 200.

Digamos que esta es la manipulación habitual. Parece haber un deseo voraz de ocupar cargos políticos. Una vez que este deseo muerde a las personas, estas parecen estar dispuestas a decir o hacer cualquier cosa por ocupar el cargo. Como digo, en cuanto eres elegido, el cincuenta por ciento de la gente te odia porque han votado contra ti. Estos cargos son tan populares debido al narcisismo.

Integridad es expresarse con franqueza, carácter y verdad, además de con capacidad. De modo que se necesitan personas con mucha experiencia e integridad, y con un buen sentido de la realidad, que entiendan la política y que hayan estado en ella el tiempo suficiente. Ninguna de estas características tiene nada que ver con la raza ni con el género. El género no hará a nadie ser un político mejor; ni tampoco la raza o el color de piel, ni nada de todo eso.

LA IMPORTANCIA DEL PATRIOTISMO

El patriotismo es honrar y reverenciar a nuestro país, a nuestros compatriotas, y también su evolución histórica; honrar la Constitución de los Estados Unidos, la Carta de Derechos y las dificultades por las que ha pasado en su interpretación por parte de los tribunales supremos; sentir respeto por la integridad. Cuando pienso en una banda de hermanos, esa es la razón del patriotismo. Os cubriríais mutuamente la espalda, moriríais unos por otros porque eso está alineado con el valor. El valor calibra extremadamente alto. Se trata de defender los principios de valor, integridad y coraje, y las cualidades que representa tu país.

El patriotismo es dedicación. En cuanto al sexismo, en la generación en la que yo crecí se honraba a las mujeres. Las mujeres eran respetadas. De modo que cuando una mujer entraba en la habitación, te ponías de pie. Se reverenciaba a las mujeres debido a su papel esencial en la propagación de la raza humana y en la crianza de los hijos.

EL DILEMA HUMANO

El dilema humano consiste en alinearse con la verdad. Si eliges constantemente lo verdadero, acabarás en una dimensión distinta a la gente que elige lo falso, porque ellos acaban en una realidad alternativa. Verdaderamente, no se trata de la misma realidad, y eso te ayuda a no juzgar, porque te das cuenta de que la manera en que experimentas el mundo no es la manera en que lo está experimentando esa otra persona.

Lo que para ti es una verdad obvia y manifiesta, para ella es falsedad. Lo que parece lógico y sensato ni siquiera se le pasa por la cabeza. El Señor dijo que perdonáramos a todos, y perdonar depende de cómo veas al otro. Por lo tanto, cuando le ves de otra manera, te das cuenta de que vive en otro sentido de la realidad, en un mundo diferente al tuyo, y no puedes juzgarle según tus propios criterios porque él ni siquiera puede comprenderlos. Nosotros consideramos la misericordia, y especialmente ser misericordioso con los débiles e inocentes, como una virtud. Hay toda otra cultura, que amenaza nuestra existencia, que lo ve exactamente de la manera opuesta. Entonces, tu alineamiento tiene un efecto muy poderoso en cuanto a cómo experimentas el mundo, en cuanto a lo que interpretas como verdadero o valioso. Todos tus juicios de valor surgen de ese alineamiento.

Y a partir de ese alineamiento buscamos a Dios en lugar del materialismo. Lo espiritual frente a lo material. Buscamos a Dios, en lugar de adorar el dinero, la riqueza y el poder mundano. Y yo no sé para qué quiere la gente el poder mundano, porque a mí me parece una solemne tontería; pero hay mucha gente que haría cualquier cosa por conseguirlo. El deseo de controlar es endémico. Poder sobre los demás, dominio, hegemonía, todo el síndrome del macho alfa.

Y por encima de todo esto tenemos el deseo de ser aceptados y aprobados por los demás. *Todo el mundo tiene que estar de acuerdo con nosotros.* Este deseo de aprobación es, por supuesto, una orientación narcisista. Llegarás a un punto en el que ya no te interesará si la gente te aprueba o no; saber si algo está siendo aceptado o aprobado forma parte de la información que manejas, pero ya no tiene valor personal. ¿Por qué es así? Porque, a medida que evolucionas espiritualmente, necesitas cada vez menos, y al final *no necesitas nada*. Una vez que llegas a cierto nivel de conciencia, ¿qué quieres? No quieres nada.

Cuando sueltas el deseo de aprobación, te vuelves menos controlable. Para contrarrestarlo, surge la capacidad de sentir gratitud, de estar agradecido. Como he mencionado antes en otros libros y charlas, si le das las gracias a alguien y le dices que ha hecho un gran trabajo y que lo valoras enormemente, servirá de mucho.

Así, el atajo que lleva hacia la espiritualidad es desarrollar el hábito de mostrarse grácil hacia la totalidad de la vida, todo el tiempo y en todas sus expresiones. Mostrarse grácil hacia la vida significa que la gente tiene distintas opiniones con respecto a las cosas, y no tienes que tomar las armas ante cada insulto. Después de algún tiempo, descubres que los insultos son muy divertidos. Se escriben párrafos insultantes sobre mí, y me parecen histéricamente divertidos.

Siempre eliges el camino elevado, la misericordia en lugar de la revancha. Pero el valor de la vida humana es tal, que valoras la vida de la otra persona tanto como la tuya. De modo que cuando valoras la vida misma, sus diversas expresiones resultan aceptables. Sabes que las civilizaciones surgen y caen. Ahora mismo, la civilización occidental está en caída libre. El nivel de conciencia de Estados Unidos está en caída libre. Y estás en paz con eso porque, a lo largo de la historia, grandes civilizaciones han surgido y después han caído, han surgido y caído. De modo que ahora mismo estamos en un declinar y en una caída libre.

Por lo tanto decimos: ha sido así desde el principio de los tiempos. Gran Bretaña en sus primeros días, y las eras de Roma y Grecia, y todas las grandes civilizaciones han surgido y también han caído. Así que aceptas esta tendencia a la fluctuación. Tienes la capacidad de ser agradecido y de agradecer, y de elegir ser magnánimo en lugar de tomarte la revancha. Escoges ser misericordioso. Y hacemos esto porque valoramos la totalidad de la vida humana en todas sus expresiones. Somos muy conscientes de nuestra mortalidad y de nuestras limitaciones. La conciencia de ser mortales y limitados. Mortales. Ser mortal significa que los días de supervivencia de la dimensión física, del cuerpo mismo, están numerados. Salimos del polvo y al polvo volvemos.

INCREMENTAR LOS NIVELES DE CONCIENCIA
Ves el flujo y reflujo de la fluctuación, la marea alta y la marea baja. Y eso no significa que el océano vaya a llegar a su fin. Tiene que llegar más lejos antes de rebotar.

Cuando descubres la verdad y la integridad, la cuestión es honrarlas y preservarlas. Alineamiento, fidelidad, reconocer lo que es valioso, y después preservarlo por su valor intrínseco. Uno tiene que decir: ¿Cuál es el propósito de la educación? ¿Qué es lo que queremos? Creo que si la escuela ofrece una hora para apreciar la música y una hora para apreciar el arte, etcétera, eso ciertamente la fortalece, le da respetabilidad e importancia.

Cuando hablamos de elevar la conciencia, suena a que tiene un propósito: es como que vamos a hacer algo y entonces la conciencia se elevará. No. Lo que ocurre es que reafirmas el valor de lo que es íntegro. Lo reafirmas mediante el respeto constante.

CÓMO COMBATIR LA PROGRAMACIÓN

La programación que tienes dentro de ti es inconsciente. Si pregunto a veinte personas: ¿Crees que has sido adoctrinada con algo el día de hoy?, la mitad de ellas me van a decir que no. La verdad es que las veinte han sido adoctrinadas hoy. No hay modo de ver las noticias y no ser adoctrinado. Estamos siendo manipulados todo el tiempo por los medios de comunicación, todo el tiempo.

El simple hecho de tomar conciencia de esto establece una salvaguardia contra ello. Puedes decidir permanecer neutral. Puedes decir: "No necesito posicionarme en un sentido o en otro". Podrías decir que algo parece poco aconsejable, en lugar de decir que está equivocado, o que es malo. En otras palabras, incluso teniendo en cuenta lo que estoy diciendo hoy, si lo que el mundo quiere es volver al materialismo dialéctico en forma de un adoctrinamiento político a favor de la justicia social, depende de la sociedad hacerlo así, pero no se pueden esperar los beneficios que surgieron de una sociedad que calibraba en 440 adoctrinando a la gente con una filosofía que calibra en 190.

La segunda contramedida es ser consciente del Mapa de la Conciencia. A medida que asciendes en la escala de conciencia, te acercas a lo positivo y constructivo. Vas hacia la verdad, el entusiasmo, hacia la verdad académica, hacia la verdad científica. Cuando alcanzas los 500, ese es el nivel consciente del amor. Y a continuación, en 540, está el amor incondicional; en 600 está la iluminación. Y a partir de ahí tienes a los grandes místicos y seres iluminados, en ascensión constante hasta llegar a Jesucristo.

Y por debajo de 200, tienes los estados negativos, que en realidad son estados de narcisismo. De modo que el

núcleo narcisista o el ego es lo que impulsa los niveles de conciencia hacia abajo. El orgullo, la avaricia, la ira, el resentimiento, todos ellos calibran muy bajo. Y después vienen la culpa y la apatía y, finalmente, acabas en el suicidio, te vuelves suicida, pierdes la voluntad de vivir.

La tercera contramedida para la programación es la sofisticación intelectual: leer a las mejores mentes de la historia. Shakespeare es una gran contribución porque saca a la luz los valores y las dificultades humanas, y empiezas a ver que son innatos a la condición humana; no te afectan solo a ti, a tu familia, a tu comunidad o a tu país. Entiendes que está hablando de la condición humana en sí misma. Tanto si se trata del sufrimiento, como de las flechas y pedradas de la adversa fortuna, toma las armas contra ellos.

Platón y Aristóteles son los más grandes, y también Sócrates. Por supuesto, otro es René Descartes. Él dividió el mundo *en* esencia y en lo que está *frente a* la esencia. Están ocurriendo dos cosas. Una es el mundo que tú crees ver, y después está el mundo de la verdadera realidad, que es independiente de tu visión personal sobre él.

La cuarta y última contramedida para la programación es hacer avanzar el propio nivel de conciencia siguiendo y practicando enseñanzas espirituales verificadas y los principios del discernimiento.

Lo que tienes en mente tiende a manifestarse. Por lo tanto, si tienes reverencia hacia Dios y hacia la verdad como irradiación de la divinidad, si te alineas con la verdad y la integridad verificable, con la integridad moral y la integridad intelectual, entonces, como estás teniendo eso en mente, tenderá a manifestarse en tu vida. Surgen cosas de la nada que incrementan tu certeza con respecto a la validez de eso que estás buscando, de la verdad espiritual verificable. No hay objetivo o propósito más elevado en la vida que alcanzar los niveles más elevados de verdad e iluminación.

Los diversos estados espirituales más avanzados son tan increíblemente gratificantes que cualquiera que haya sido el esfuerzo necesario para alcanzarlos, queda más que pagado. Vivir en un estado de contentamiento, vivir en un estado de gratitud, vivir en un estado en el que sientes compasión y amor por todos es su propia recompensa. Este es el significado de que, a medida que avanzan tus niveles de conciencia, tu grado de felicidad aumenta. De hecho, relaciona el nivel de conciencia con el porcentaje de felicidad. Y ambos están absoluta y directamente relacionados. Cuanto más elevado es el nivel de conciencia, más elevado es el grado de felicidad.

Cuanto más elevado es el grado de felicidad, menos necesitas o quieres del mundo. Finalmente, alcanzas un estado de relativa independencia del mundo.

A veces puede haber un autoexamen en el que te preguntes: *¿Estoy yendo en la buena dirección? ¿Quiero de verdad alcanzar un nivel más elevado de conciencia? ¿O es simplemente una moda?* En nuestros días, todo el mundo quiere ser espiritual. Así confrontas si tu conciencia espiritual es genuina.

ÚLTIMAS PALABRAS DE ÁNIMO

Si estás leyendo este libro, obviamente estás en un buen lugar. Estás interesado en mejorarte a ti mismo y en incrementar tu conciencia de la realidad. Habiendo elegido el camino elevado, la gente busca enseñanza, comprensión, resultados de la investigación, cosas que puedan confirmar por sí mismos. Pueden confirmar que están en ese camino usando la técnica de conciencia misma. Y, por supuesto, la verdadera confirmación consiste en instituir estas cosas en tu vida por sí mismas, no buscando algún beneficio, sino por sí mismas. Por el amor y la alegría que obtienes de ayudar a otros, ayudas a otros. De modo que cada cosa se vuelve gratificante para el Yo (el Ser). Y como gratifica al Yo, en realidad no necesitas nada de los demás. No necesitas nada porque ya obtienes toda la alegría de la experiencia misma.

Sobre el autor

David R. Hawkins, médico y doctor en filosofía (1927-2012), fue director del Instituto para la Investigación Espiritual y fundador del Camino de la No Dualidad Devocional. Fue un renombrado investigador pionero en el campo de la conciencia, así como autor, conferenciante, médico y científico. Sirvió como asesor en monasterios católicos, protestantes y budistas; participó en diversos programas de radio y televisión y dio conferencias en lugares de gran prestigio como la Abadía de Westminster, el Foro de Oxford, la Universidad de Notre Dame y la Universidad de Harvard. Dedicó su vida a elevar a la humanidad hasta su fallecimiento en 2012.

Para más información sobre su trabajo, visita www.veritaspub.com.